home coaching

SCHLAFZIMMER GESTALTEN

Fabienne Cardonne

Fotos: Julien Clapot

7HILL

INHALT

VORWORT

Im Gegensatz zum Wohnzimmer – sozusagen die Fassade, mit der wir uns präsentieren – ist das Schlafzimmer ein Rückzugsort, ein geheimer Hort unserer Träume. Wir verbringen ein Drittel unseres Lebens darin, und es scheint irgendwie paradox, ein Zimmer nur zum Schlafen zu nutzen, wenn Wohnraum immer teurer wird und die Quadratmeter abgezählt sind. Das Schlafzimmer mutiert zunehmend zum Wohnraum, und seine Einrichtung sollte daher sowohl modernen Ansprüchen an Komfort gerecht werden als auch die Wohnfläche optimal ausnutzen. Mit diesem Buch möchten wir die vielen Einrichtungsmöglichkeiten dieses so wichtigen Raums präsentieren. Ins Schlafzimmer integrierte Bäder und Ankleidebereiche oder begehbare Schränke, platzsparende Möbelstücke, raffinierte Kopfteile für Betten, Computerarbeitsplätze oder Bodenbeläge und dekorative Accessoires bieten zahlreiche Möglichkeiten, einen Raum zu schaffen, in dem man nicht nur nachts Ruhe findet. Auf den folgenden Seiten finden Sie jede Menge Anregungen für die Einrichtung Ihres Traumzimmers.

EINRICHTUNGS- UND LEBENSSTILE

Gebrauchsanweisung für kleine Räume

Nicht jeder hat das Glück, ein großes Schlafzimmer zu besitzen, und es erfordert häufig viel Überlegung und Geschick, Betten, Schränke und andere Einrichtungsgegenstände auf wenigen Quadratmetern unterzubringen. Ein gutes räumliches Vorstellungsvermögen, handwerkliches Talent oder die Hilfe eines Innenarchitekten sind gefragt, wenn man den Raum optimal ausnutzen will.

Auftrag: „Platz schaffen"

Um gut zu schlafen, braucht man ein sparsam möbliertes, aufgeräumtes, gut gelüftetes Zimmer. Ideal ist ein Schrank- oder Ankleideraum, in dem man Kleidung, Schuhe und Accessoires unterbringen kann. Diese Lösung lässt sich aber nicht in jeder Wohnung realisieren und deshalb bieten einige Hersteller inzwischen Einbauschrankmodule an, die eine Mischung aus Ankleidezimmer und Kleiderschrank sind und mit ihrer Einteilung in Fächer und Schubladen einen guten Kompromiss darstellen. Um Platz zu sparen bieten sich hohe Betten an, unter die man Bettkästen, Rollcontainer oder Unterbettkommoden

schieben kann. Schränke, die direkt neben Zimmertüren aufgestellt werden, sollte man mit Schiebetüren versehen, um die Kollision von Schrank- und Zimmertür zu vermeiden. Kopfteile und Nachttische könnten durch schmale Kästen für das Bettzeug und Schränkchen oder Regale für Bücher und Dekor ersetzt werden. Heutzutage gibt es eine große Auswahl an platzsparenden Möbelstücken, dennoch bleiben Maßanfertigungen immer noch die beste Lösung.

Das Bad und der Ankleideraum sind vom Schlafzimmer aus zugänglich und mit platzsparenden Schiebetüren versehen.

Bei diesem Bett liegt die Matratze auf einem Podest aus Pappelschichtholz mit herausziehbaren Nachttischen und Rollcontainern.

▲ Diese über dem Bett angebrachten Hängeschränke werden mit davor hängenden Plexiglasscheiben geschlossen.

▼ Hängeschränke und transparent lackierte MDF-Platten an den Wänden bilden eine gemütliche Ecke.

Raffinierte Schrank- und Regalmöbel

Es ist nicht leicht, gute Schlafzimmermöbel und vor allem Schränke zu finden, die in den jeweils vorhandenen Raum passen, ohne ihn vollgestopft erscheinen zu lassen. Nachttische lassen sich durch schmale Truhen als „Mini-Rumpelkammern" für allen möglichen Krimskrams am Kopfende des Bettes ersetzen, oder aber durch ein offenes oder geschlossenes Regal mit integrierter Beleuchtung. Der vielfach ungenutzte Raum unter dem Bett bietet einen Stauraum, der je nach Bettgröße bis zu 4 m² beträgt und vielleicht 15 bis 20 cm hoch ist. Hier lassen sich nach Maß geschreinerte Schubkästen auf Rollen unterbringen, in denen man Bettwäsche oder Schuhe aufbewahren kann. Die intelligenteste platzsparende Lösung besteht jedoch darin, die Matratze auf ein aus stabilen Schichtholzplatten gefertigtes Podest mit herausziehbaren Rollcontainern und Nachtschränkchen zu legen. Die Schlafzimmerhöhe ist auch nicht zu vernachlässigen, wenn es darum geht, mehr Stauraum zu schaffen, denn der Raum oberhalb der üblicherweise 2 m hohen Schlafzimmerschränke bleibt meistens ungenutzt. Darüber kann man bis zur Decke weitere Schrankelemente einbauen lassen oder offene Fächer mit dekorativen Körben anstelle von Schubladen. Mit einer schönen Leiter (fest installiert oder an einer Laufschiene befestigt) erreicht man auch die obersten Fächer.

◄ Herausziehbarer Bettkasten
(zur Aufbewahrung von Decken
und Kissen) mit einer Front aus
afrikanischem Wengé-Holz.

Die ganze Wand neben der Tür
wurde mit Einbauschränken
aus MDF-Platten bedeckt. Die
Schrankzone setzt sich in einer
Hängeschrankzeile fort.

Klapp-, Schrank- und Hochbetten

Ist der Raum, in dem Sie schlafen möchten, zu klein, um darin neben dem Bett auch noch die anderen Schlafzimmermöbel aufzustellen? Oder möchten Sie in dem Zimmer zusätzlich einen Arbeitsplatz einrichten? Dann kommt vielleicht ein Hochbett infrage, vorausgesetzt, die Raumhöhe reicht aus. Wenn man auf der Hochbettplattform noch stehen will, muss deren Abstand zur Zimmerdecke zwischen 1,90 und 2 m betragen. Das bedeutet, dass das Zimmer insgesamt über 3 m, am besten 3,80 m hoch oder höher sein muss.

Im Idealfall eines sehr hohen Raums lässt sich die Nutzfläche des Schlafzimmers verdoppeln, indem man eine Zwischengeschossdecke einzieht, auf der man aufrecht stehen kann. Die üblicherweise aus Holz oder Metall gebaute Hochbettetage muss keine Notlösung sein: Früher den Kindern vorbehalten, ist sie in praktischeren und ästhetisch ansprechenderen Ausführungen heute auch für Erwachsene attraktiv. Neben der klassischen Form mit Leiter bieten einige Hersteller innovative, technisch höchst raffinierte platzsparende Betten an: Klapp- und Schrankbetten und sogar Modelle, die sich bis zur Zimmerdecke hochziehen lassen. Sie ermöglichen die anderweitige Nutzung des Raums während des Tages, sind aber wegen ihrer aufwendigen Technik und hohen Einbaukosten nicht ganz billig.

Ein Bücherregal aus Gipskartonplatten füllt den Platz unter der schmalen Treppe, die zum Hochbett auf der Galerie führt.

Wenn man fast den ganzen Raum,
den das Bett sonst einnimmt, tagsüber anders nutzen will, kann man
dieses technisch raffinierte und
elegante bed-up®-Modell erwerben.

Große Räume

Luxusmodell: Schlafzimmer mit integriertem Bad

Wenn das Schlafzimmer groß genug ist, kann man unter Umständen darin ein offenes Bad integrieren. Die Kombination dieser beiden Funktionsräume ist ein Luxusmodell, das derzeit bei wohlhabenden Hausbesitzern voll im Trend liegt. Badewannen in allen Farben und aus unterschiedlichen Materialien wie Kunstharz oder sogar Zedernholz gefertigt, sind wahre Schmuckstücke, die man sich wie eine Skulptur gerne auch ins Schlafzimmer stellt. Man hat die Qual der Wahl unter einer großen Auswahl an eleganten, formschönen Sanitärobjekten und Badmöbeln wie zum Beispiel schalenförmigen Waschbecken auf Tischen. Materialien wie Teakholz und Hochglanzlacke erleichtern die Integration der „Wellnessoase" ins Schlafzimmer. Man sollte allerdings wissen, dass die Realisierung häufig kostspielige technische Umbauten, insbesondere die Neuverlegung von Wasser- und Abwasserleitungen erfordert. Wenn man den Schlafraum ästhetisch-gestalterisch nicht „verschandeln" will, sollte man sich also alles gut überlegen, bevor man mit dem Umbau beginnt.

Der offene Badebereich als Bühne, die man vom Bett überblickt, mit seitlich anschließender Duschkabine.

Passend zum Schwarz des Raums
und dem Weiß der Bettwäsche
zeigt sich auch die Wanne in
puristischem Schwarz und Weiß.

Büro-, Lese- und Fernsehecken

Große Räume lassen sich so einrichten, dass sie auch tagsüber für verschiedene Aktivitäten genutzt werden können – zum Beispiel mit Bücherregalen und bequemen Sesseln für ruhige Lesestunden, mit einem Fernseher für privates Kinovergnügen vom Bett aus, oder mit einem Schreibtisch für ungestörte Kopfarbeit.

Wenn man auch zu Hause arbeitet, braucht man einen adäquaten ruhigen Arbeitsplatz. Ist der Platz knapp, reicht für den Laptop und einige Ordner eine einfache MDF-Tischplatte, die man in einer Raumecke an den Wänden befestigt. Mit wenigen zusätzlichen Büromöbeln wie etwa Wandregalen lässt sich ein solcher Arbeitsplatz mühelos in einem normal großen Schlafzimmer unterbringen.

Bücherschränke oder -regale im Schlafzimmer verleihen dem Raum eine persönliche Note, da sie viel über die ästhetischen und literarischen Vorlieben der Bewohner verraten. Egal ob sie in eine Wandnische eingebaut sind, als Raumteiler mitten im Zimmer stehen oder farblich mit der Wand hinter ihnen verschmelzen – sie lassen sich in jedem Fall in diesen ruhigen Raum integrieren, der sich für Mußestunden der privaten Lektüre am Tag oder Abend anbietet.

Zunehmend werden Schlafzimmer auch tagsüber genutzt – zum Beispiel für kreative Tätigkeiten.

Bei manchen ist der Fernseher im Schlafzimmer verpönt, weil sie nach dem Fernsehen nicht direkt einschlafen können. Andere wiederum finden es herrlich, sich vom Bett aus noch einen spannenden Film anzuschauen. Wunderbar, wenn man hinterher den Flachbildschirm mithilfe technischer Raffinessen in einer schönen Schrankwand oder einem ästhetisch überzeugenden Fernsehmöbel verschwinden lassen kann.

In den Raumteiler unter der Stahlkonstruktion ist ein drehbarer Fernsehschrank eingebaut.

Geschlossen verschmilzt der Fernsehschrank mit der Raumteilerwand.

Begehbare Kleiderschränke

Ankleideräume direkt neben einem Schlafzimmer oder begehbare Kleiderschränke in den Zimmern gab es früher in repräsentativen Häusern und Wohnungen; sie bieten sich aber auch heute vielfach als zweckmäßige und clevere Lösungen an.

Eine wunderbare Vorstellung, unsere Hemden und Kleider perfekt gereiht auf Bügeln hängen zu sehen, die Pullover ordentlich gestapelt, Gürtel und Socken schön geordnet in Schubladen und die Schuhe in Reih und Glied in maßgefertigten Fächern. Die einfachste Version ist ein langer Schlafzimmerschrank, der meist eine ganze Wand einnimmt und innen je nach Bedarf in Fächer, Schubladen und Abteile mit Kleiderstangen aufgeteilt ist. Die Türen können auch durch Rollos

Hier bildet eine vor die Zimmerwand gesetzte Schrankwand mit Durchgang eine „Kleiderkammer" für die Hängung längerer Kleidungsstücke.

oder Vorhänge ersetzt werden. Schiebetüren schließen besser ab, haben allerdings den Nachteil, dass sie jeweils nur einen Teil des Schrankinhalts „freigeben". Bei den traditionellen Schranktüren oder bei Falttüren ist das zwar nicht der Fall, sie beanspruchen

Ein Schrank- und Ankleideraum bestimmt die Aufteilung und Gestaltung eines Schlafzimmers, weil er sich entweder hinter einem Bett oder in eine Raumnische einfügen lässt.

aber beim Öffnen oder Schließen mehr Platz vor dem Schrank.

Ein Ankleideraum bleibt auch heute noch großen Wohnungen oder Häusern vorbehalten. In den meisten Fällen muss der Ankleidebereich geschickt in das Schlafzimmer integriert werden. Man kann zum Beispiel die Trennwand zwischen Schlafbereich und Bad durch einen begehbaren Schrank mit Durchgängen ersetzen. Wenn die Schrankelemente nicht bis zur Decke reichen, vergrößert man dadurch optisch den Raum. Oder man baut einen raumhohen Schlafzimmerschrank in ausreichendem Abstand vor der Wand hinter dem Bett, der dann das Kopfteil des Bettes bildet und von beiden Seiten zugänglich ist.

Maße und Proportionen

▶ Innenmaße: Abteile mit Kleiderstangen sollten mindestens 60 cm tief und für Kleider oder Mäntel etwa 160 cm sowie für Hemden oder Blusen 120 cm hoch sein. Schuhe, Wäsche oder Pullover erfordern eine Fachtiefe von 30 cm.

▶ Generell sollte man niedrige Fächer für Wäsche und Pullover einbauen. So werden diese Kleidungsstücke nicht zu hoch gestapelt und zerdrückt, und man kann sie leichter herausnehmen. Wir empfehlen einheitliche Schubladen bzw. Schachteln oder Körbe zur Aufbewahrung von Socken und Accessoires.

Die Kunst der Aufteilung besteht darin, für jede Art von Kleidungsstücken und Accessoires die „maßgeschneiderten" Fächer zu bauen.

VOM FUSSBODEN BIS ZUR ZIMMERDECKE

Bodenbeläge

Der Bodenbelag ist eines der wichtigsten Ausstattungselemente für jeden Raum und hat nicht nur dekorative, sondern auch wärmende und schalldämmende Wirkung.

Teppichböden waren lange Zeit die beliebtesten Beläge, weil sie sich ohne großen Aufwand verlegen lassen und ein Zimmer wohnlich machen. Selbst Parkettböden wurden häufig mit diesem modernen Belag überklebt, und nur Einfamilienhäuser mit größeren Räumen und Zugang zum Garten wurden mit Parkett oder manchmal auch pflegeleichten Fliesen- oder Steinplattenböden ausgestattet. Heute ist das Angebot an Bodenbelägen für jeden Wohnstil und jeden Geldbeutel sehr viel reichhaltiger geworden.

Traditionelle sechseckige Fußbodenfliesen inspirierten das Design dieses Schurwoll-Teppichs.

Weiches für die Füße

Nachdem Teppichböden sich in den 1970er-Jahren großer Beliebtheit erfreut hatten, vor allem weil sie sich so weich anfühlen und in vielen Farben für relativ wenig Geld zu haben waren, begann ihr Stern in den 1980ern zu sinken, weil sie sich schnell abnutzten, und die synthetischen Teppichböden sich außerdem elektrostatisch aufluden. In den 1990er Jahren schließlich waren Teppichböden weitgehend verpönt, weil sie damals den Ruf hatten, Allergien auszulösen. Inzwischen sind sie wieder auf dem Vormarsch, vor allem weil viele neue Produkte mit diversen Qualitätssiegeln ausgezeichnet werden, die sie als fleckenabweisend, antiallergen und strapazierfähig ausweisen. Es gibt sie in vielen Ausführungen – aus Nadelfilz, getuftet oder gewebt, aus Kunstfasern oder, in der luxuriöseren Variante, aus reiner Wolle. Genoppt, hochflorig, sanft strukturiert oder als glatte Veloursware – die modernen Teppichböden gibt es in vielen verschiedenen Farben, uni oder originell gemustert.

Das Verlegen ohne jegliche Befestigung erfordert die größte Präzision beim Zuschneiden, damit der Teppichboden keine Falten schlägt oder an der Wand keine Lücken lässt. Häufiger wird er mit einem doppelseitigen Klebeband an den Rändern auf dem Boden festgeklebt. Man kann ihn aber auch auf eine feste, ebene Unterlage nageln oder mit einem passenden Kleber vollflächig auf einen glatten Estrich aufbringen.

▶ Die Sammlung von Plastikfiguren in der Regalwand bringen ein spielerisches Element in dieses ansonsten nüchtern und sparsam eingerichtete Schlafzimmer.

Ein geschliffener weißer Zement-
betonfußboden nimmt mit der Zeit
eine reizvolle Alterspatina an.

▼ Ein glatt geschliffener und dann
gewachster hellgrauer Betonboden
wirkt elegant, ist heute topaktuell
und eignet sich für minimalistische
Interieurs.

Kühler Stein & Co.

In ländlichen Gegenden werden häufig Fliesenfuß-
böden bevorzugt, weil sie sich leicht reinigen lassen
und mit ihrer schönen Alterspatina an frühere Zeiten
erinnern. Diese kostspieligen Materialien kann man
durch Kunststeinplatten, Terrakottafliesen mit künst-
licher Patina oder Klinker ersetzen. Für Interieurs in
zeitgenössischem Design werden heute Steinzeug-
fliesen oder Schieferplatten bevorzugt. Sie wirken
elegant und passen aufgrund ihrer neutralen Farbge-
bung zu jeder Einrichtung. Die wahre Revolution war
aber das Aufkommen von Beton als oberste Fußbo-
denschicht. Früher nur als Baumaterial ohne ästhetischen Wert bekannt, gilt er heute trotz des niedrigen
Preises als edles und kreativ einsetzbares Fußboden-
material. Geschliffen, eingefärbt, gewachst oder mit
Kunstharz versiegelt, wird Beton als Fußbodenbelag
mit verschiedenen Techniken verarbeitet und mit
unterschiedlichen Zuschlägen angereichert. Mit fein
gemahlenem Marmor vermischt, geglättet und glän-
zend gewachst, wirkt er kostbar und hoch modern.
Wenn sie dagegen mit dunkelfarbigem Kunstharz
versiegelt werden, erzeugen Betonböden eine intime,
warme Atmosphäre. Es empfiehlt sich, den Boden
von einem Fachmann anlegen zu lassen.

◄ **Alte Terrakottafliesen sind zeitlos, haltbar und ideal für ein Schlafzimmer im Landhausstil – auch in der Stadt.**

Teppichböden aus Sisal oder Binsen
sind etwas für Umweltbewusste
und passen aufgrund ihrer regel-
mäßigen Webstrukturen wunderbar
zu modernen Einrichtungen.

Parkett und Dielen

Strapazierfähigkeit, Wärme, Naturfarben…Hölzer beziehen ihre Qualitäten aus der Natur. Ob klassisch oder zeitgenössisch – bei der Einrichtung eines Zimmers mit Parkett- oder Dielenboden kann man sich geschmacklich gar nicht verirren. Vollholzparkett ist sehr langlebig und wird auf Lagerhölzer genagelt oder auf einem alten Holzboden verlegt, wenn dieser noch intakt ist. Laminat wird schwimmend verlegt und besteht aus drei zusammengeleimten Holzschichten, deren oberste das Erscheinungsbild dieses Belags bestimmt. Die billigsten Laminate werden aus synthetischen Verbundstoffen ganz ohne Holz gefertigt, halten nicht lange und eignen sich nicht für stark beanspruchte Flächen.

Die guten alten Holzdielen sind heute auch in schmaleren Ausführungen und edleren Holzarten als Kiefer im Angebot. Hochwertiges Parkett oder Dielen aus Eiche, Teak oder Bambus und anderen Harthölzern sind auf jeden Fall die schönsten – aber auch teuersten – Bodenbeläge, egal ob gewachst, versiegelt, naturbelassen oder pastellfarbig lasiert.

Aus Altbauten stammende Dielenbretter bezeugen die gediegene Handwerkskunst früherer Zeiten und haben eine unübertroffene Eleganz.

Beläge aus Naturfasern

Darunter fallen alle Flachgewebe aus Pflanzenfasern, die auf der Unterseite mit Latex beschichtet oder mit einer aufgesteppten Lage Filz, Jute oder Baumwollstoff verstärkt sind. Diese Beläge sind zwar vielfach rau und kratzig, isolieren aber gut gegen Fußkälte und absorbieren Feuchtigkeit. Zu den beliebtesten gehören Teppiche aus der billigen und robusten Kokosfaser, aus Binsen oder Sisal.

Wie beim Teppichboden beschränkt sich die Pflege dieser Beläge auf das Staubsaugen. Ihr Nachteil besteht darin, dass sie schnell fleckig werden, selbst in wenig frequentierten Räumen wie dem Schlafzimmer.

Im Winter warm, im Sommer kühl – Fertigdielen oder Laminat mit Echtholzfurnier sind erschwingliche moderne Fußbodenbeläge.

Wanddekorationen

Die Wand wurde mit poppigen Dekostickern beklebt.

Die Kunst der Farbgestaltung

Schlafzimmer sind private Zufluchtstätten und ideale Testlabors für die Wirkung unserer Lieblingsfarben – von den neutralen, sanften bis zu den grellsten und verrücktesten. Ganz abgesehen von ihrem dekorativen Wert können Farben die Wahrnehmung eines Raums verändern. Wir wissen, dass eine zu hohe Decke niedriger erscheint, wenn man sie dunkler als die Wände streicht, und dass man eine niedrige Zimmerdecke durch einen hellen Anstrich optisch erhöhen kann. Eine in einer lebhaften Farbe gestrichene Fläche zieht den Blick auf sich und richtet einen Raum aus. Im Fall eines schmalen Raums sollte man daher die Längswände hell streichen, die Stirnwände dagegen in kräftigen Farben, damit das Zimmer breiter wirkt. Generell lassen sich mit Kontrastfarben verschiedene optische und ästhetische Effekte erzielen. Breite Streifen in verschiedenen Tönen bringen einen Raum voll zur Geltung und lassen ihn kraftvoll und kühn erscheinen. Ein einfaches horizontales Band in einem mit der Wandfarbe kontrastierenden Farbton dagegen dehnt einen Raum optisch. Schränke, Zierleisten oder Fenster werden mit kontrastierenden Farben zur Geltung gebracht. Die Möglichkeiten der Farbgestaltung sind praktisch unbegrenzt. Entweder man kombiniert verschiedene Farben oder man wählt eine Grundfarbe, die man mit verschiedenen Mengen weißer Farbe für Ton-in-Ton-Ausstattungen abstuft. Raumausstattungen in verschiedenen Farben können äußerst originell und elegant wirken, sind aber nur etwas für Mutige mit Erfahrung und Geschick im Umgang mit Farben.

Unterschiedlich gemusterte Tapeten
in verschiedenen Farben ergeben
hier ein Bild, das an farbenfrohen
Bollywood-Kitsch erinnert.

Neutrale Farben

In neutralen oder blassen Farben gehaltene Räume wirken harmonisch und ruhig. Deshalb sollte man versuchen, Wandfarben oder -verkleidungen und Bodenbeläge zu wählen, die einen Raum einheitlich erscheinen lassen. Holzdielen oder Teppichböden in einem ähnlichen Farbton wie die Wände, oder Möbel aus derselben Kollektion machen es möglich, einen Raum auf subtile Weise zu vereinheitlichen und für eine ruhige Atmosphäre zu sorgen.

Für alle diejenigen, denen kräftige Farben Angst machen, bedeutet die Entscheidung für Einrichtungen in neutralen Farben (und zwar in hellen, sanften Farbtönen) die Entscheidung für absolute Klarheit und Schlichtheit. Helle, beruhigende Farben sind für ein Schlafzimmer natürlich geeigneter als aufreizende, kräftige Töne, und bieten durchaus eine vergleichbare Auswahl an Schattierungen. Mit verschiedenen Abstufungen von Weiß, mit Beige- oder blassen Grautönen kann man nichts falsch machen. Oder aber man variiert dieselbe Farbe in immer blasseren Ton-in-Ton-Stufen an Wänden oder Türen von Einbauschränken. Um einen absolut ruhigen und beruhigenden Raum zu erhalten, kann man im Übrigen sämtliche Oberflächen auch in ein- und derselben Pastellfarbe streichen, was die Arbeit erleichtert und die Arbeitszeit verkürzt. Auf diese Weise überlässt dieser Raum die Hauptrolle der Beleuchtung, die Möbel und dekorative Accessoires plastisch hervortreten lässt.

Helle Wände, heller Boden und Blasenfolie an der Fensterwand: Dieser karge Raum strahlt meditative Ruhe aus.

Das helle Pistaziengrün der Wände bringt Frische in den Raum, ohne Licht zu schlucken, und harmoniert mit den Holzfarben des Bettgestells und des Dielenbodens.

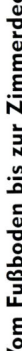

Weiß gestrichene Spundbretterver-
kleidungen: der ideale Hintergrund
für ein romantisches Schlafzimmer.

Die Wand hinter dem Bett wurde in Wischtechnik „auf alt getrimmt" und dann in Schablonentechnik als Kopfteil für das Bett bemalt.

Materialwirkungen

Neben Tapeten oder Wandmalereien gibt es eine Fülle weiterer dekorativer Möglichkeiten, die Wände eines Schlafzimmers zu gestalten.

Die untapezierten Putzwände eines Zimmers, das man im Landhaus- oder Ethnostil einrichten möchte, streicht man am besten einfach mit weißer Acryl- oder Dispersionsfarbe, die man in weiten Armschwüngen mit einer großen Bürste dick aufträgt und anschließend mit einem Schwamm nur leicht glättet. Etwas aufwendiger ist die Wischtechnik. Hierfür muss man die Wand zunächst gleichmäßig in einer Grundfarbe streichen und dann darauf eine andersfarbige Lasurfarbe mit einem Schwamm oder Lappen verreiben, was die Fläche wolkig erscheinen lässt. Eine andere Möglichkeit besteht darin, die Wand mit horizontal oder vertikal verlegten Spundbrettern zu verkleiden, die es aus verschiedenen Hölzern – von Kiefer bis Eiche – zu kaufen gibt. Sie lassen sich in jedem Raum leicht installieren und anschließend lackieren oder lasieren. Wenn Sie Ihr Zimmer selbst renovieren und dabei schönes Backstein- oder gar Natursteinmauerwerk freilegen, entscheiden Sie sich vielleicht sogar dafür, dieses nicht wieder zuzudecken, sondern vollends zu restaurieren. Das ist allerdings ein schweres Stück Arbeit, vor allem wenn man fehlende Steine ersetzen und die Mauer neu verfugen muss. Zum Glück findet man heute in Baumärkten auch gute Verblendtafeln mit Ziegel- oder Kunststeinmauermustern, die zu erschwinglichen Preisen erstaunlich gute Kopien einer echten Backstein- oder Steinmauer abgeben.

Muster für die Wand

Tapeten machen ein Zimmer wohnlich und bestimmen mit ihren Farben und Mustern dessen Charakter. Vor einigen Jahren wurden sie von neuen Anstrichfarben verdrängt, denn streichen ist leichter als Tapeten kleben, besonders Mustertapeten. Diese sind aber heute wieder im Kommen, weil sie inzwischen in vielen neuen Farben und modernen Designs angeboten werden.

Tapeten haben den Vorzug, relativ preiswert zu sein, auch aufgrund des geringen Materialverbrauchs. Außerdem müssen die Wände nicht erst mühevoll verputzt und geglättet werden. Tapeten schmiegen

Fröhliche Tapeten wie diese großblumig gemusterte sorgen für gute Laune.

Für einzelne Wände oder ein ganzes Zimmer gibt es eine große Auswahl an Tapeten in verschiedenen Stilen.

sich an fast jede Unterlage, die allerdings auch wieder nicht zu uneben sein oder Löcher haben darf.

Da Muster in die Welt der Innenausstattung zurückgekehrt sind und in attraktiven Farben als großformatige grafische Motive auf hochwertigen Materialien erscheinen, sind auch Mustertapeten wieder in Mode gekommen und schmücken heute so manches Zimmer, oft nur an einer Wand oder höchstens zwei Wänden. Viele Tapetenmuster ähneln denen der Dekorationsstoffe, zeigen sich im „Retro-Look" der 1970er-Jahre oder ahmen Siebdruckmuster aus der Anfangszeit der Tapetenherstellung nach.

Einige Designer haben sogar Abbildungen aus mittelalterlichen Handschriften nachempfunden, alte Fotografien vergrößert oder abstrakte Dekors auf Tapeten gebannt, die man wie ein Bild an die Wand hängt.

Hier verdeckt eine mit einer
exotischen Mustertapete beklebte
und an einer Schiene aufgehängte
Schiebetür einen Teil des Kleiderschranks hinter dem Bett.

Eine einfarbige Wand lässt sich
im Handumdrehen mit Dekostickern
verschönern. Dekosticker mit
modernem Design eignen sich
auch für puristische Interieurs.

Schablonenmuster und Dekosticker

Wenn Sie die Wände Ihres Schlafzimmers ganz individuell gestalten möchten, bieten sich als spielerisch originelle und noch dazu schnelle und preiswerte Lösung Schablonenmuster oder Dekosticker an.

Am beliebtesten sind derzeit Sticker mit stilisierten Mustern. Die Bandbreite reicht von ganz kleinen bis zu überdimensional großen Motiven, und es gibt sie in verschiedenen Stilen – von abstrakt über poppig bis barock. Im Handumdrehen aufgeklebt, beleben sie eine Wand, eine Tür, eine Zimmerdecke, täuschen an der Wand hängende Gegenstände vor, kommen in Form von Zitaten daher und lassen sich mühelos durch andere Aufkleber ersetzen.

Mit Schablonen aufgemalte Muster sind da schon etwas dauerhafter. Die Schablonenmalerei erfordert größere Geschicklichkeit und Präzision als die Platzierung von Stickern. Mit einem Spezialpinsel (und ein wenig Übung) dürfte es aber nicht allzu schwierig sein, dekorative Friese oder Sprüche aufzutragen.

In diesem Raum imitieren Dekosticker zwei verschnörkelte Wandlämpchen und einen barocken Spiegelrahmen.

Schablonentechnik

▶ Die Schablone zunächst probeweise mit Klebeband an die Wand oder Zimmerdecke kleben und die Positionen des Musters mit einigen Bleistiftpunkten entlang der Umrisse markieren.

▶ Für einen Fries in Wandmitte beginnen, die Unterkante mit Bleistift entlang einer mit Wasserwaage ausgerichteten Leiste markieren, ebenso die Abstände zwischen den Motiven.

▶ Die Farbe sparsam mit einem dicken Pinsel auftupfen, unter Umständen mehrmals (zwischendurch trocknen lassen). Für jede Farbe einen anderen Pinsel benutzen.

Ideen für die Zimmerdecke

Liegt man im Bett, schaut man direkt zur Zimmerdecke. Die Dekoration der Decke wird aber oft vernachlässigt, weil das Arbeiten über Kopf schwierig ist, weshalb man sich meist mit einem weißen Anstrich begnügt. In einigen ungewöhnlich geschnittenen Räumen wagen sich Heimwerker jedoch an atypische Deckenverkleidungen und -gestaltungen heran, etwa an Holz- oder Metallplatten, textile Bespannungen oder Spiegel, oder aber an dunklere Farbanstriche bis hin zu Schwarz. Für welche dieser Möglichkeiten man sich entscheidet, hängt von der Beschaffenheit der Zimmerdecke ab. In einer klassischen Altbauwohnung vom Anfang des 20. Jahrhunderts sollten vorhandene Stuckdecken nur gestrichen werden (ggf. erst nach Entfernung alter Farbschichten, um das ursprüngliche Relief wieder zum Vorschein zu bringen). Vielleicht ergattert man alte Stuckornamente, mit denen man glatte Decken verschönern kann. Alte Balkendecken findet man auf dem Lande häufiger als in der Stadt; sie regen zu einem „ländlich-rustikalen" Einrichtungsstil an. Naturbelassene alte Balken wirken oft wie gewachst, andere sind in hellen Pastelltönen gestrichen und bestimmen so die gedämpfte Raumatmosphäre. Glatte, schmucklose Decken bieten sich dagegen für modern eingerichtete Schlafzimmer in Stadtwohnungen an.

Für den perfekten Innenausbau gibt es Hängedeckensysteme aus matten oder glänzenden Platten, hinter denen hässliche Flecken oder Risse im Putz an der Zimmerdecke verschwinden.

Vom Fußboden bis zur Zimmerdecke

Altbauwohnungen haben häufig noch schöne Stuckdecken mit Rosettenornamenten in der Mitte und Zierleisten als Rahmen.

Weiß gestrichen passen
rustikale Deckenbalken sogar
zu einem romantisch-femininen
Raum wie diesem.

MÖBEL UND ACCESSOIRES

Einrichtungen mit nostalgischem Charme

Häufig wirken mit antiken Möbeln eingerichtete Schlafzimmer ruhig und verbreiten einen Hauch Romantik. Antike oder qualitätvolle Gebrauchtmöbel überleben alle Epochen und Moden und verlieren weder materiell noch emotional an Wert. Zweifellos liegt das zum einen daran, dass sie Kindheitserinnerungen wecken, zum andern vielleicht auch an ihren altmodischen Farbnuancen.

Möbelstücke mit ausgeprägter Patina, mit gedrechselten Beinen, Schnitzereien und Zierleisten verleihen einem Schlafzimmer einen ganz eigenen Charme. An pastellfarbenen oder weißen Wänden kommen schöne alte Bilder oder antike Spiegel am besten zur Geltung. Alte Stoffe sind meist aus Leinen oder Baumwolle gewebt und bedruckt, etwa mit Toile-de-Jouy-Motiven oder Karos. Man kann farblich zueinander passende Stoffreste zerschneiden und mit alten Spitzen zu neuen Stoffen zusammennähen. Beim nostalgischen Einrichtungsstil erwachen Gebrauchtmöbel, Nippes oder Drillichstoffe zu neuem Leben. Der Geldwert der Gegenstände spielt dabei eine untergeordnete Rolle. Die Kunst liegt in der geschickten, geschmackvollen Zusammenstellung von „Schätzen", die man beim Trödler oder auf Großmutters Dachboden aufgestöbert hat. Manch alte, scheinbar ausgediente Dinge erhalten einen neuen Verwendungszweck.

▲ Ein moderner Waschtisch mit Stoffrock aus Toile de Jouy wird hier begleitet von einer alten Staffelei als Handtuchhalter.

◄ Mit alten Spitzen und Weiß-
stickereien verzierte Bettwäsche
verliert nie an Charme.

Ein neutrales Farbschema aus Weiß,
hellen Grau- und Schlammtönen verträgt
einen kontrastierenden Farbklecks –
wie hier das Rot der Sesselpolster.

Dieser originelle „Kleiderschrank"
ähnelt eher einem Beduinenzelt und
bietet für wenig Geld große Wirkung.

► Für den nostalgischen Look genügen
ein paar alte Stücke wie hier das
eiserne Bettgestell, der Klappstuhl und
das von einem alten Schrank stammende Schnitzornament über der Tür.

Aus alt mach anders

Individuelle Einrichtungen erzielt man am besten, indem man die Einzelteile selber herstellt. Es gibt zahlreiche Möglichkeiten, alten Möbeln und dekorativen Accessoires ein neues Gesicht zu geben oder sie sogar völlig umzufunktionieren.

Wir alle besitzen die mehr oder weniger gleichen Schränke, Kommoden oder Betten aus Holz, die wir gekauft oder geerbt haben und die inzwischen Schadstellen aufweisen oder uns nicht mehr gefallen. Aus Kostengründen, aber vor allem um der Kreativität willen empfiehlt es sich, sie nicht wegzuwerfen, sondern zu verändern. Die Kunst besteht darin, die Dinge auf originelle Weise umzugestalten, ohne das ursprüngliche Design zu verfälschen. Alte Bauernmöbel ohne großen Wert – wie etwa Kiefernholzspinde oder -kommoden – findet man beim Trödler und auf den Dachböden alter Bauernhäuser. Mit edel wirkendem Hochglanzlack gestrichen oder aber tapeziert, werden sie zu attraktiven Einrichtungsgegenständen. Aus einem alten vergoldeten Rahmen wird vielleicht das Kopfteil eines Bettes oder eine Pinnwand. In Hussen gehüllte Gartenstühle ersetzen teure Designerstühle, und im Schlafzimmer machen sich neu lackierte Werkstattkommoden nützlich.

▲ Das rostige eiserne Bettgestell wurde nur ein wenig abgeschmirgelt und mit Klarlack behandelt.

► Ein alter Registraturschrank aus Metall gibt hier – frisch lindgrün lackiert – eine hübsche Schlafzimmerkommode ab.

Diese wie eine indonesische Hütte gebaute Schlafkoje lädt zur Reise ins Land exotischer Träume ein. Sie wird mit den alten, grob abgebeizten Fensterläden verschlossen.

Klare Räume, modernes Design

Schlafzimmer im zeitgenössischen Design sind farbenfroh, wirken poetisch und lassen die „modernen" Einrichtungen der letzten Jahrzehnte in Neuinterpretationen wieder aufleben. Auf der Suche nach einer Einfachheit voller Raffinesse werden Schlafzimmer heute sparsam, ja sogar karg möbliert. Bei aller Nüchternheit wirken sie nicht kalt, sondern einladend mit ihrer Lichtfülle, klaren Linien und schlichten Möbeln. Mit echten Möbelklassikern vom Flohmarkt eingerichtet, können sie aber auch eine spielerische Ausstrahlung haben. In Schlafzimmern der Luxusklasse mischen sich edle Baumaterialien mit ebenso edlen Designerstücken. Zusätzlich mit integrierten

Badbereichen und Schrankräumen ausgestattet, stellen sie wahre „Lebensräume" dar. Von allem Überflüssigen befreit, haben sie eine gewisse Ähnlichkeit mit Hotelzimmern, die jeden erdenklichen Komfort (inklusive wandintegrierte Lautsprecher und Flachbildschirm-Fernseher) mit elegant schlichtem Design kombinieren. Derart hochklassige Schlafzimmer liegen heute für jedermann im Bereich des Möglichen, denn viele Hersteller haben sich auf die Massenproduktion von mehr oder weniger guten Nachempfindungen von Designermöbeln spezialisiert. Geschickte Heimwerker sind hier im Vorteil, weil sie die Stücke nach eigenen Bedürfnissen umgestalten.

Die weißen Schränke verschmelzen mit den weißen Wänden; die schwarze Bettdecke und das rote Kissen bilden Kontraste.

► Dieses Schlafzimmer unter dem Dach eines Hauses mit drei versetzten Ebenen lebt von klaren Linien, hellen Farben und klarem Glas.

◄ Textile Computerdrucke zum
Thema Natur – an der Wand
und auf Kissen – lockern dieses
puristische Interieur auf.

Die mit farbigen Filtern aus
Plexiglas versehene Neonbeleuchtung
taucht diesen klaren Raum im Design
der 1970er Jahre in ein filmreifes,
fast magisches Licht.

Rund ums Bett

Besondere Kopfteile für Betten ohne eigenes festes Kopfteil gehören heute zur modernen Schlafzimmereinrichtung. Sie schützen die Wand hinter dem Bett vor Kratzer und Flecken und dienen als Rückenlehne, etwa bei der abendlichen Lektüre.

Früher waren sie für gewöhnlich feste, in Stil und Material zur gesamten Einrichtung passende Bestandteile jedes Bettes, heute gibt es sie als vom Bett unabhängige „Konstruktionen" in vielen verschiedenen Stilen, Formen, Farben und Materialien. Sie fungieren nicht nur als simple Rückenlehnen, sondern auch als Regale – zum Teil mit integrierten Nachtkästchen

und Strahlern – oder als Bettkästen. Nicht alle sind aus harten Materialien mit durchgehend ebenen, glatten Oberflächen. Sie können aus gepolsterten und mit

Neue, originelle Kopfteile für Betten jeder Breite kann man kaufen oder selbst herstellen – als Regal, schmales Staumöbel, Wanddekoration oder gepolsterte Platte.

Stoff bespannten Platten bestehen oder im Abstand von der Wand in Form von Regalen oder Schränken als Raumteiler dienen. Kopfteile mit Regal- oder Schrankfächern am oberen Rand bilden nützliche Ablagen für Bücher oder dekorative Kleinigkeiten.

Dieses Kopfteil besteht aus einer gepolsterten, mit Stoff bezogenen Platte und dient als weiche Rückenlehne.

In kräftigem Rot lackiert, bietet dieses schmale, kastenförmige Kopfteil mit weißer Nische und angebauten Nachtkästen Raum für Schönes und Nützliches.

◄ Dieses raffinierte Kopfteil mit herausklappbaren Nachttischchen und Fächern für Kleinigkeiten wurde von einem Innenarchitekten entworfen.

Baldachin- und Himmelbetten

Baldachine und Betthimmel bilden nicht nur einen dekorativen Rahmen um das Bett, sondern sorgen auch für Schutz und Intimität. Himmelbetten in allen möglichen Varianten sind heute wieder im Kommen. Bettbaldachine sind mit dem Bett verbundene Holzgerüste, die mit Stoffbahnen gedeckt und behängt werden und so einen kleinen Raum im Raum bilden. Betthimmel dagegen werden an der Decke befestigt. Sie bestehen aus dünnen Metallringen, von denen leichte, meist durchscheinende weiße Tüll-Stoffe wie Zelte herabhängen, und sind den in den Tropen unverzichtbaren Moskitonetzen nachempfunden. Man kann natürlich passend zum Farbschema des Schlafzimmers andersfarbige Stoffe wählen.

In früheren Zeiten waren Baldachinbetten notwendig, um Schlafende in Räumen ohne Zentralheizung vor Kälte und Zugluft zu schützen und die Wärme im Innern von Baldachin und Vorhängen zu halten.

Ob traditionell oder kreativ, ein Baldachin- oder Himmelbett verleiht einem Schlafzimmer in jedem Fall einen Hauch exotischen Charme.

Für König Ludwig XIV. und andere Mächtige seiner Zeit war das Schlafgemach ein Empfangsraum, und das Baldachinbett thronte in dessen Mitte. Heute kann jeder sein Schlafzimmer mit einem Himmelbett oder Betthimmel fantasievoll einrichten. Baldachinbetten sind in vielen Ausführungen auf dem Markt. Betthimmel lassen sich leicht an der Decke oder der Wand befestigen. Sie erhalten ihre Form durch Metallreifen, an denen die leichten Stoffe hängen.

Über dieses Baldachinbett wurde weißer Baumwolltüll drapiert, passend zur Bettwäsche.

▲ Dieser Betthimmel wurde nach dem Vorbild von Moskitonetzen hergestellt und bildet eine luftige intime „Höhle" in einem großen Raum.

Für das Design dieses Baldachins dienten Beduinenzelte als Anregung. Er besteht aus vier am Bettgestell befestigten Stahlprofilen, in die oben mit kleinen Haken ein leichter Betthimmel aus weißem Baumwollstoff eingehängt ist.

Matratzen für gesunden Schlaf

Seit Jahrzehnten ist bekannt, wie wichtig es ist, in ein gutes Bett und gute Matratzen zu investieren. Die mit Rosshaar oder Schafwolle gestopften Matratzen aus Großmutters Zeiten, die mit der Zeit tiefe Dellen bildeten, sind schon lange passé. Heute geht es um Unterstützung des Rückens, ergonomische Form, individuellen Liegekomfort und hygienische Ausrüstung für einen gesunden Schlaf.

Wenn man sich erst einmal für den Kauf eines neuen Bettes mit Matratze und Lattenrost entschieden hat, sieht man sich einer Riesenauswahl gegenüber. Die Kaufentscheidung für eine Matratze hängt von individuellen Bedürfnissen und Vorlieben ab. Im Angebot sind heute überwiegend Kaltschaum-, Federkern- oder Latexmatratzen. Wasserbetten und fernöstliche Futons werden weniger gekauft, weil ihre Pflege aufwendiger ist. Es ist erwiesen, dass zu weiche Matratzen schlecht für den Rücken sind. Händler empfehlen feste Matratzen, die aber nicht zu hart sein dürfen. Doppelbetten sollte man mit separaten Einzelmatratzen belegen, um den Schlafkomfort für beide zu er-

höhen. Das Gleiche gilt für die Lattenroste, besonders für die mit elektrisch verstellbaren Kopf- und Fußteilen, die einen im Bett aufrichten und es ermöglichen, die Beine hochzulegen. Polsterlagen aus Wolle, Leinen oder Baumwolle bestimmen die Festigkeit einer Matratze; eine feste Matratze mit weicher Polsterung ist deshalb kein Widerspruch in sich.

Es gibt verschiedene Komfortklassen, so zum Beispiel Matratzen, in die man die eigene Körperform hat „einprogrammieren" lassen; Federkern- oder Mehrzonenmatratzen, deren Festigkeit vom Kopf- bis zum Fußteil wechselt, und Matratzenauflagen, mit denen man allzu feste Matratzen weicher gestalten kann. Antibakterielle Ausrüstungen verlieren aufgrund der in die Matratze einsickernden Körperfeuchtigkeit mit der Zeit an Wirkung. Sauberkeit ist unerlässlich. Die Bettwäsche sollte bei 60°C gewaschen und das Zimmer stets gut gelüftet werden.

Als Matratzenunterlage werden heute hauptsächlich Lattenroste in unterschiedlicher Qualität verwendet. Bei Polsterbetten sind die Lattenroste ebenfalls dünn gepolstert und meist mit demselben Stoff wie die Matratze und das Bettgestell bezogen.

◄ Was gibt es Komfortableres als eine dicke Matratze auf einem rundherum gepolsterten Bettgestell?

Einfach, doch edel: die Kombination aus halbhohen Schränken und einem Bettpodest aus Zedernschichtholz.

◄ Eine (unechte) Webpelzdecke und ein paar Seidenkissen tragen zur sanften und sinnlichen Raumatmosphäre bei.

Bettwäsche

Seit Jahrhunderten ist Bettwäsche ein wichtiges textiles Ausdrucksmittel. Mädchen und Frauen webten breite Stoffbahnen, vernähten sie zu Laken und Bezügen, die sie dann vielfach noch von Hand bestickten. Bis zum Ende des 18. Jahrhunderts war die Stofffabrikation das Monopol der Spinner und Weber, die dafür Wolle, Hanf, Leinen und sogar Seide verarbeiteten. Später machten dann die industriellen Massenproduktionsverfahren Bettwäschetextilien auch für ärmere Bevölkerungsschichten erschwinglich.

Zu Beginn des 20. Jahrhunderts waren Bettlaken und -bezüge überwiegend weiß und vielfach mit Weißstickerei verziert. Pastellfarben kamen erst allmählich auf, während heute Bettwäsche auch in kräftigen Farben, uni oder gemustert und passend zu Vorhangstoffen und Nachtwäsche erhältlich ist. Ob aus Baumwolle oder Seide – Bettwäsche bildet stets ein wichtiges Dekorationselement jedes Schlafzimmers. Da das Bett oft den größten Raum einnimmt, betonen die Bettbezüge oder Bettüberwürfe den Einrichtungsstil – oder bilden einen Kontrast dazu.

Die Kunst der Schlafzimmereinrichtung liegt in der Zusammenstellung und entfernt sich heute allmählich vom traditionellen Stil „aus einem Guss" zugunsten von Stil-, Stoff- und Mustermixen.

▼ Mit Seidenkissen und einem gesteppten Bettüberwurf aus Toile de Jouy lässt sich ein Schlafzimmer ohne viel Aufwand romantisch gestalten.

Fensterdekorationen

Fensterdekorationen geben nicht nur Wohnräumen eine persönliche Note, sondern auch Schlafzimmern. Neben der Sichtschutz- und Verdunkelungsfunktion von Vorhängen oder Jalousien spielen noch andere praktische Aspekte eine Rolle. Die Wahl der Fensterdekoration hängt von der Art der Fensteröffnung, von den Möglichkeiten der Anbringung und der Fenstergröße ab. Wenn man oberhalb des Fensters eine Gardinenstange anbringen möchte, muss zwischen oberer Fensterkante und Decke auch genügend Platz dafür sein. Ansonsten bleiben Scheibengardinen, Lamellenjalousien oder Plissés, die direkt an den Fensterrahmen befestigt werden, die beste Lösung.

Die einen bevorzugen einfache, leichte Gardinen aus zartem Baumwollmusselin oder Leinen, die das Blickfeld nicht überladen. Andere machen aus ihrem Schlafzimmer eine Art schützenden Kokon, was einen bühnenwirksameren Stil mit üppigen Draperien aus schwerer, changierender Seide oder Samt erfordert.
In moderner ausgestatteten Wohnungen ziehen Schlichtheit und Minimalismus auch in die Schlafräume ein, wo sich die Fensterdekoration häufig auf durchscheinende weiße Gardinen, Raffrollos oder sogar nur eine blickdichte aber lichtdurchlässige Klebefolie beschränkt.

Ein dick gefütterter Vorhang verdunkelt das Zimmer nicht nur besser als ein leichter, sondern schützt im Winter auch vor Zugluft.

Faltenlose Scheibengardinen aus feinem Leinenstoff bieten Schutz vor neugierigen Blicken, lassen aber noch gedämpftes Licht ins Zimmer.

Dieser üppige Vorhang aus
schimmerndem Seidentaft wird von
einem Raffhalter aus Holz gerafft.

Das maßgefertigte, mit farbigen
Bändern eingefasste Faltrollo aus
weißer Seide filtert das Licht.

Rollos und Vorhänge

Weil Schlafzimmer vor allem – wie ihr Name schon besagt – Orte der Ruhe und des Schlafes sind, nehmen sie in jeder Wohnung eine Sonderstellung ein, und zwar weil sie überwiegend im Lampenlicht wahrgenommen werden, jedenfalls im Winter. Durchscheinende Gardinen oder Jalousien tauchen das Zimmer tagsüber in ein angenehm gedämpftes Licht, während Vorhänge aus schweren Stoffen es in Schlaf fördernde Dunkelheit hüllen. Leichte Voilegardinen schirmen die private Atmosphäre des Zimmers vor Einblicken ab; dicke Vorhänge oder Fensterläden schließen ebenfalls neugierige Blicke und darüber

hinaus das Licht von Straßenlaternen oder Leuchtreklamen aus.
Im Unterschied zu Klapp- oder Faltläden mit Lamellen schützen massive Fensterläden am besten vor Lichteinfall. Im Innern angebrachte Rollläden sind zwar nicht einbruchsicher, lassen sich aber leicht bewegen und sorgen für optimale Verdunkelung. Glatte Rollos, Raffrollos und Jalousien stellen elegantere Lösungen dar, und üppig wallende gefütterte Vorhänge wirken außerdem noch wärmeisolierend.
Verdunkelungsvorhänge kann man auch selber herstellen, indem man den gewählten Stoff auf der Rückseite mit einer speziellen PVC-Folie beklebt oder diese als Futter annäht.

KOMFORT UND WOHLFÜHLEN

Beleuchtung

Die Atmosphäre jedes Innenraums wird von der Beleuchtung bestimmt. Wenn das Schlafzimmer Intimität und Ruhe ausstrahlen soll, sind zwei Faktoren entscheidend: ein Licht, das den Augen nicht weh tut, und schlichte Beleuchtungskörper. Um diese beiden Anforderungen zu erfüllen, sollte man den Raum mit direkter und indirekter Allgemeinbeleuchtung ausstatten, damit man sich gut im Zimmer zurechtfindet, ohne dass die Augen geblendet oder überanstrengt werden. Praktisch ist (zusätzlich zu individuellen Schaltern an den Lampen selbst) ein Mehrfachschalter an der Wand gleich neben der Zimmertür, mit dem man sämtliche Decken-, Steh- und Tischlampen sowie Steckdosen ein- und ausschalten kann. Mit einzelnen Lampen werden bestimmte Bereiche oder Objekte stimmungsvoll beleuchtet. Nachttischlampen sollten ein angenehmes, helles Leselicht ausstrahlen, ohne den Partner zu stören. Für Doppelbetten sind leistungsfähige kleine Strahlerlampen mit Schwenk-armen am besten geeignet, weil man sie direkt auf die jeweiligen Buchseiten richten und individuell ein- und ausschalten kann.

Es gibt zwei große Gruppen von Leuchtmitteln. Immer noch am weitesten verbreitet sind die üblichen Glühbirnen, die zwar die Farben im Raum nicht verändern, aber nicht alle ausreichend helles Licht spenden. Halogenstrahler geben helleres Licht und halten länger. Zur Leuchtmittelgruppe der Fluoreszenzlampen gehören Neonröhren und Energiesparlampen, die zwar aufgrund ihres niedrigen Stromverbrauchs auf Dauer kostengünstiger sind als Glühbirnen, aber ein etwas „kränkliches" Licht geben.

Großzügiges Schlafzimmer mit indirekter Beleuchtung durch Tischlampen, die eine warme Lichtstimmung schaffen.

Die zur modernen Einrichtung
passenden Wandlampen mit
schokobraunen Schirmen
verbreiten ein helles Leselicht.

![Schlafzimmer mit künstlerischem Lichtdesign]

Eine in der Wandfarbe gestrichene MDF-Platte verdeckt hier eine Reihe von Neonröhren unter und hinter Plexiglas, die den Raum indirekt ausleuchten.

Künstlerisches Lichtdesign

Zwar lassen sich Schlafzimmer mit Strahlern, Tisch- und Wandleuchten, Decken- oder Stehlampen so hell ausleuchten, dass man nicht nur beim An- und Auskleiden oder Bettenmachen genug sieht, sondern darin sogar an einem Schreibtisch arbeiten kann. Von besonderem Reiz ist aber eine künstlerische Beleuchtung, ein Lichtdesign, das dem Raum eine besondere Stimmung verleiht und einzelne Bereiche effektvoll, eventuell auch mit farbigem Licht zur Geltung bringt. Man könnte zum Beispiel hier und da verschieden

geformte kleine Nachtlichter (etwa Salzlampen) verteilen oder Lichterketten, die in vielen Ausführungen auf dem Markt sind. Lichterketten (nie ohne Aufsicht in Betrieb lasssen) oder kleine Strahler bringen einen Hauch märchenhafte Romantik ins Schlafzimmer. Im Elektrofachhandel findet man außerdem zahlreiche von innen beleuchtete dekorative Accessoires, die durch Berührung ein- und ausgeschaltet werden, sowie kombinierte Licht-und-Klang-Objekte. Ihr Licht ist zwar sehr schwach, sie haben aber den Vorzug, mit moderner Technik etwas Ähnliches wie sanftes Kerzenlicht zu erzeugen.

► Hier bilden getönte Fluoreszenzlampen hinter einer vor die Wand gesetzten Platte einen Lichtrahmen.

Heizung

Der Heizbedarf eines Innenraums variiert nicht nur im Verlauf der Jahreszeiten, sondern auch in Abhängigkeit von seiner Nutzung. Für Schlafzimmer, die wirklich nur zum Schlafen genutzt werden, empfehlen Gesundheitsexperten eine gleichbleibende Raumtemperatur von nicht über 18°C. Manche kommen ohne Frischluft nicht aus und müssen winters wie sommers bei geöffnetem Fenster schlafen. Sie brauchen im Winter dann eben dickere Bettdecken.

Zwischen Abhärtung durch extrem niedrige Temperaturen und Verweichlichung durch zu große Wärme lässt sich aber ein guter Mittelweg finden. Heizsysteme, die auf der Basis von Wärmerückgewinnung arbeiten, Isolierglasfenster und günstig platzierte Heizkörper garantieren ein angenehmes Raumklima, ohne Energie zu verschwenden. Der Markt bietet verschiedene Heizkörpertypen – Rippen-, Röhren- oder Plattenheizkörper in unterschiedlichen Stärken und

zahlreichen Varianten mit kombinierter Konvektions- und Strahlungswärme.

Für Interieurs im zeitgenössischen minimalistischen Stil sind Fußbodenheizungen eine gute Wahl; sie lassen den Raum frei und geben eine gleichmäßige Wärme ab, ohne Staub aufzuwirbeln. Ihr Komfort ist umso verführerischer, als man auch im Winter barfuß laufen kann. Sie eignen sich noch dazu für fast jeden Bodenbelag und lassen sich je nach System im Sommer auch auf Kühlung umschalten.

▼ **Lange, schmale Plattenheizkörper dieser Art wurden früher überwiegend in Büros installiert, eignen sich aber auch für Wohnräume, besonders für Dachgeschosse und Lofts.**

▲ **Platzsparende Plattenheizkörper gibt es heute nicht nur mit glatten, sondern auch mit plastisch strukturierten Oberflächen.**

◄ **Diese lange Heizkörperverkleidung bildet eine nützliche Stellfläche für dekorative Accessoires.**

Belüftung

► Wenn man Türen abdichtet und Fenster mit Isolierglasscheiben ausstattet, spart man schon eine Menge Energie.

► Lüften muss man allerdings, entweder indem man öfters für kurze Zeit das Fenster öffnet, oder indem man einen Ventilator nutzt. Die Luftverschmutzung in Innenräumen ist nicht zu unterschätzen, sie enthält genauso wie die Außenluft alle möglichen organischen Schwebstoffe, flüchtige chemische Substanzen, CO_2, Tabakrauch, Staub und Hausstaubmilbenkot, der Allergien verursacht.

Licht- und Aromatherapie

Untersuchungen haben gezeigt, dass Licht nicht nur körperliche, sondern auch psychische Wirkungen hat und dass wir uns jeden Tag mindestens zwei Stunden lang einer Lichtquelle mit einer Lichtintensität von 2.500 Lux aussetzen müssen, um gesund und innerlich ausgeglichen zu bleiben.

Dabei spielt es keine Rolle, ob das Licht von der Sonne oder von einer Lampe ausgestrahlt wird. Ohne Licht könnten wir nichts sehen, aber Licht reguliert auch unsere biologische Uhr, die vom Hypothalamus, dem Steuerungsorgan unseres vegetativen Nervensystems bestimmt wird. Man weiß seit langem, dass der Unterschied zwischen winterlicher und sommerlicher Taghelligkeit unser inneres Gleichgewicht beeinflusst und kurze, trübe Tage auch unsere Stimmung trüben.

Das Sonnenlicht hat im Sommer eine Intensität von 50.000 Lux, im Winter dagegen nicht mehr als 500, was häufig – ohne dass uns diese Ursache bewusst ist – zu Stimmungsschwankungen, ständiger Müdigkeit und Heißhunger auf fette und süße Speisen führt. Heute sind zahlreiche Tageslichtlampen (Vollspektrumlampen) auf dem Markt, die man auf verschiedene Lichtintensitäten einstellen kann. Im Schlafzimmer fördern sie das Einschlafen und die gute Laune beim Aufwachen.

Was sind ätherische Öle?

▶ Streng genommen keine Öle, sondern extrem flüchtige Essenzen pflanzlicher Duftstoffe (durch Photosynthese entstandener Glukosen).

▶ Ätherische Öle aus Blüten, Blättern oder Wurzeln werden überwiegend durch Wasserdampfdestillation gewonnen, ätherische Öle aus Zitrusfruchtschalen dagegen durch Kaltpressung. Über ihre verschiedenen Wirkungen informieren die Hersteller.

▶ Ätherische Öle sind sehr ergiebig (wenige Tropfen genügen) und sollten daher sparsam eingesetzt werden.

Duftlampen und -zerstäuber

Wenn die Raumluft des Schlafzimmers nicht nur angenehm temperiert sein, sondern auch noch angenehm duften soll, sind Duftzerstäuber oder -lämpchen für ätherische Öle die Lösung. Bestimmte ätherische Öle reinigen die Raumluft und tun den Atemwegen gut. Davon profitiert der ganze Körper, vor allem im Schlaf, wenn alle Gerüche in der für die Emotionen zuständigen Gehirnhälfte gespeichert werden und schöne Düfte Ruhe und Wohlbefinden spenden.

Duftlampen gibt es in großer Auswahl. Da Teelichter erstens nur eine kurze Brenndauer haben und zweitens als Brandrisiko nicht unterschätzt werden sollten, benutzt man im Schlafzimmer vielleicht besser eine elektrische Duftlampe. Im Handel gibt es fertige ätherische Ölkompositionen, man kann sich aber auch seine eigene Mischung zusammenstellen.

Dieser leuchtende elektrische Duftnebelzerstäuber für ätherische Öle erzeugt ein wechselndes Farblichtspiel und kombiniert so die Aroma- mit der Lichttherapie.

PRAKTISCHES

FRAGEBOGEN /

Wie sieht Ihr ideales Schlafzimmer aus?

Dieser kleine, spielerische Fragebogen soll Ihnen helfen, Ihre Bedürfnisse und Wünsche in Bezug auf Möbel und Einrichtungsstil zu klären, bevor Sie Ihr Schlafzimmer ganz neu einrichten, umgestalten oder renovieren. Kreuzen Sie jeweils eine der drei vorgeschlagenen Antworten an und zählen Sie dann zusammen, wie häufig Sie sich für A, B oder C entschieden haben.

1. Ich bringe von einer Reise Stoffe, Andenken und kunsthandwerkliche Gegenstände mit nach Hause.
A. Zu Hause erscheint mir alles fehl am Platz, und ich weiß nicht mehr, was ich damit anfangen soll.
B. Schon beim Kauf hatte ich eine präzise Vorstellung davon, wo ich diese Souvenirs aufstellen oder wofür ich sie benutzen würde – und ich habe mich nicht vertan.
C. Ich verteile die Mitbringsel nach Lust und Laune hier und da in der Wohnung, weil ich keine Angst vor Überfüllung habe.

2. Heute morgen habe ich verschlafen, …
A. …nehme mir aber trotzdem die Zeit, mein Bett zu machen und Kleidungsstücke wegzuräumen.
B. …gehe kurz unter die Dusche, hole schnell aus dem Schrank, was ich anziehen will, und bin dann in 15 Minuten fertig.
C. …schlüpfe schnell in die Klamotten, die ich gestern getragen habe und lasse das Chaos hinter mir. Aufräumen kann ich ja heute Abend noch – oder morgen.

3. Ich muss mein Schlafzimmer neu streichen.
A. Ich streiche es weiß, weil Weiß zu allen anderen Farben passt.
B. Ich blättere ein Dutzend Wohnzeitschriften durch und streiche mein Zimmer dann in einer aktuell modischen Farbe.
C. Ich liiebe Farben! Das ist diie Gelegenheit, um einmal Türkis mit Schokobraun auszuprobieren!!

4. Ich besuche ein neues Möbelgeschäft für Schlafzimmereinrichtungen.
A. Ich bin ein spontaner Mensch und kaufe ohne groß zu überlegen zwei oder drei Bettbezüge.
B. Ich suche Nachttischlampen, die zum Stil meiner Einrichtung passen.
C. Ich drehe eine Runde durch das Geschäft, um mich inspirieren zu lassen, finde aber, dass alles irgendwie gleich aussieht.

5. Heute will ich zu Hause arbeiten und suche mir dafür den geeigneten Ort.
A. Ich setze mich ins Wohnzimmer, obwohl die Kinder darin herumwuseln.
B. Ich verziehe mich in mein häusliches Arbeitszimmer mit „Bitte nicht stören!" an der Tür.
C. Ich flüchte mich ins Schlafzimmer und improvisiere dort einen Arbeitsplatz.

ERGEBNISSE

Sie haben …

… am häufigsten A angekreuzt.

Sie nutzen das Schlafzimmer hauptsächlich zum Schlafen. Da Sie darin morgens und abends jeweils nur kurze Zeit verbringen, bevorzugen Sie generell moderne, schlichte und funktionale Möbel, vor allem gut unterteilte geräumige Schlafzimmerschränke. Weil es ein Ruheraum ist, vermeiden Sie jedes Zuviel an Dekoration und bevorzugen aus demselben Grund auch helle Wandfarben, selbst wenn die gerade nicht in Mode sind.

… am häufigsten B angekreuzt.

Das für Sie ideale Schlafzimmer verbindet eine bis ins kleinste Detail sorgfältig geplante Einrichtung mit modernem Komfort – zum Beispiel einem integrierten Badebereich, einem geräumigen Schrankraum oder einem flauschigen Teppichboden. Sie nehmen sich gerne Zeit beim Aussuchen jedes Möbelstücks oder Oberflächenmaterials, lassen sich dabei von aktuellen Trends inspirieren und stimmen Farben und Materialien aufeinander ab.

… am häufigsten C angekreuzt.

Wie in den Wohnräumen, lassen Sie auch bei der Einrichtung und Ausstattung Ihres Schlafzimmers Ihrer Kreativität freien Lauf. Sie interessieren sich für Kunst, Innenarchitektur und Design, sind ein Sammler/eine Sammlerin und besitzen ein instinktives Gespür dafür, welche Stilformen zueinander passen. Je nach Lust und Laune – aber immer mit sicherem Geschmack – erfinden Sie Ihr intimes Reich immer wieder neu. Sie haben keine Angst vor kräftigen Farben und zögern nicht, auch ihre Möbel und Deko-Artikel nach eigenen Vorstellungen umzumodeln.

GRUNDRISSE / Einrichtungsideen

Auf den folgenden Seiten finden Sie eine Reihe von Vorschlägen für die Einrichtung verschieden geschnittener Schlafzimmer.

▶ GRUNDRISS 1: EIN SCHLAFZIMMER UNTER DEM DACH

Ausgebaute Dachgeschosse, in denen man Schlafzimmer schaffen und dadurch Räume in den unteren Geschossen für andere Zwecke frei machen kann, sind nicht nur auf dem Lande, sondern zunehmend auch in den Städten beliebt. Da man keine hohen Möbel darin aufstellen kann, erfordern sie sorgfältige Planung und in den meisten Fällen Einbaumöbel. Hier sind halb hohe Schrankelemente so weit wie möglich unter die Dachschräge geschoben, sodass Platz für ein Doppelbett mit Regal als Kopfteil und eine kleine Sitzgruppe blieb.

▶ GRUNDRISS 2: AUSNUTZUNG EINER NISCHE

Eine Nische eignet sich für den Einbau eines Kleiderschranks, allerdings nur, wenn sie wie bei diesem Vorschlag mindestens 1,50 m breit und 60 cm tief ist. Man muss nur eine Zwischenwand einziehen, auf der einen Seite eine Kleiderstange und auf der anderen Regalbretter anbringen und die Nische mit Schiebe- oder Falttüren schließen.

▶ GRUNDRISS 3: ANKLEIDEBEREICH

Einander gegenübergestellt, ergeben zwei breite Kleider- und Wäscheschränke einen Ankleidebereich, der ein Drittel des Raums einnimmt. Die Rückseite des vorderen Schranks bildet das Kopfteil des Bettes. Der Bereich zwischen den Schränken ist von beiden Seiten des Bettes aus zugänglich. Zwar verkleinert dieses Arrangement das Schlafzimmer optisch, lässt es aber stets aufgeräumt wirken und gibt Bewegungsfreiheit im restlichen Raum.

▶ GRUNDRISS 4: OFFENER (BAD)RAUM IM (SCHLAF)RAUM

Um einen offenen Badbereich ins Schlafzimmer zu integrieren (für die einen eine Frage des Komforts, für andere höchster Luxus), muss der Raum insgesamt mindestens 20 m² groß sein. Hier wird vorgeschlagen, die Sanitärobjekte auf einem mit Parkett belegten Podest zu installieren, das die Leitungen verdeckt. Da der Blick vom Bett direkt auf den Badbereich fällt, muss dieser ästhetisch ansprechend sein.

▶ GRUNDRISS 5: HALB OFFENER (BAD)RAUM IM (SCHLAF)RAUM

Einen Badbereich direkt im Schlafzimmer kann man auch hinter einer halb hohen gefliesten Trennwand unterbringen, die die Sanitärobjekte verdeckt, den Raum aber optisch nicht verkleinert. Außerdem ersetzt die halbhohe Wand das Kopfteil des Bettes und bewahrt die Schlafzimmerästhetik des übrigen Raums.

▶ GRUNDRISS 6: SCHLAFZIMMER MIT ARBEITSPLATZ

Dieser Raum umfasst eine größere Nische mit Tageslicht, die sich daher für die Einrichtung eines Arbeitsplatzes mit Schreibtisch und Regalen an der dahinter liegenden Wand eignet.

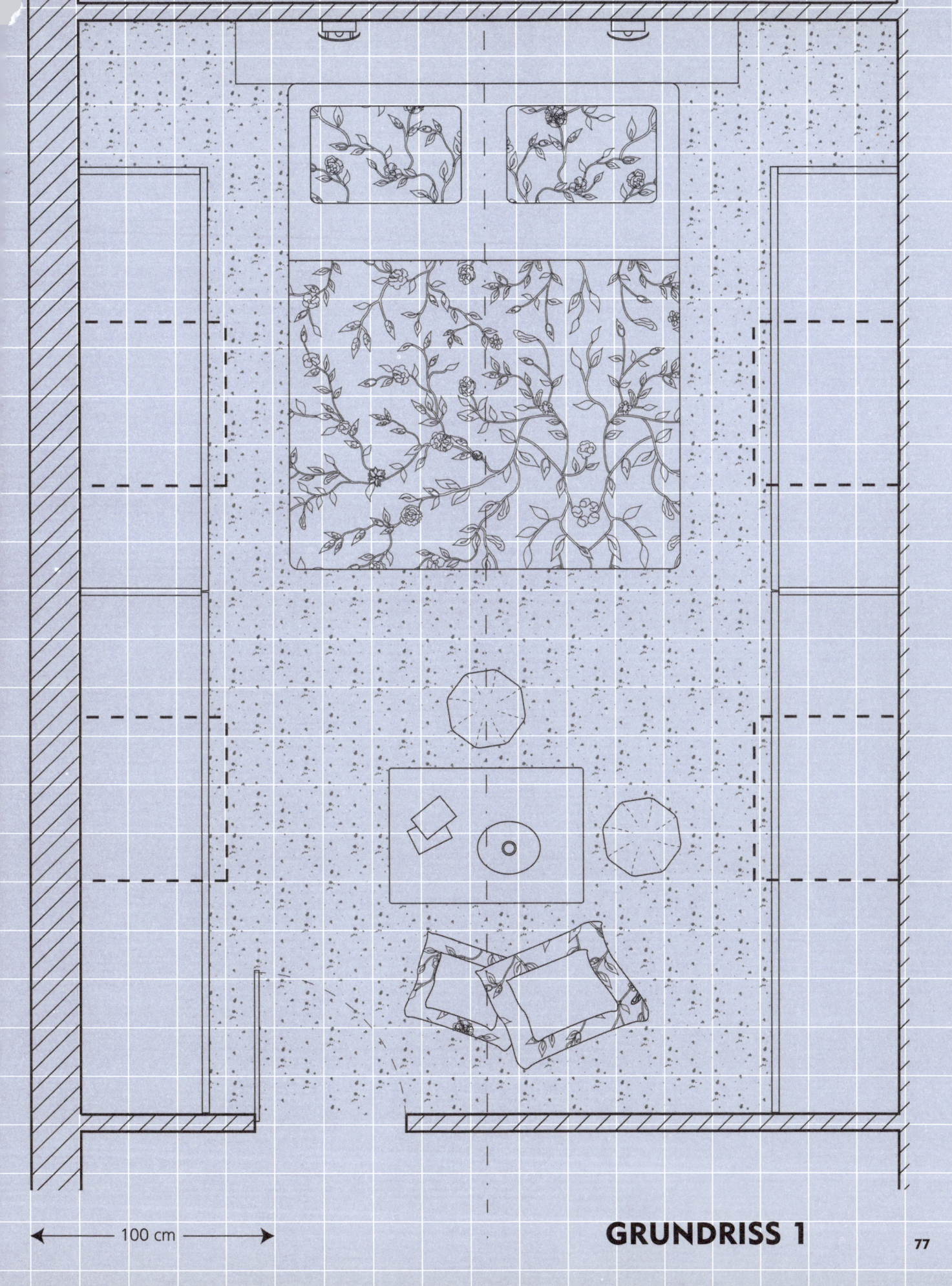

GRUNDRISS 1

← 100 cm →

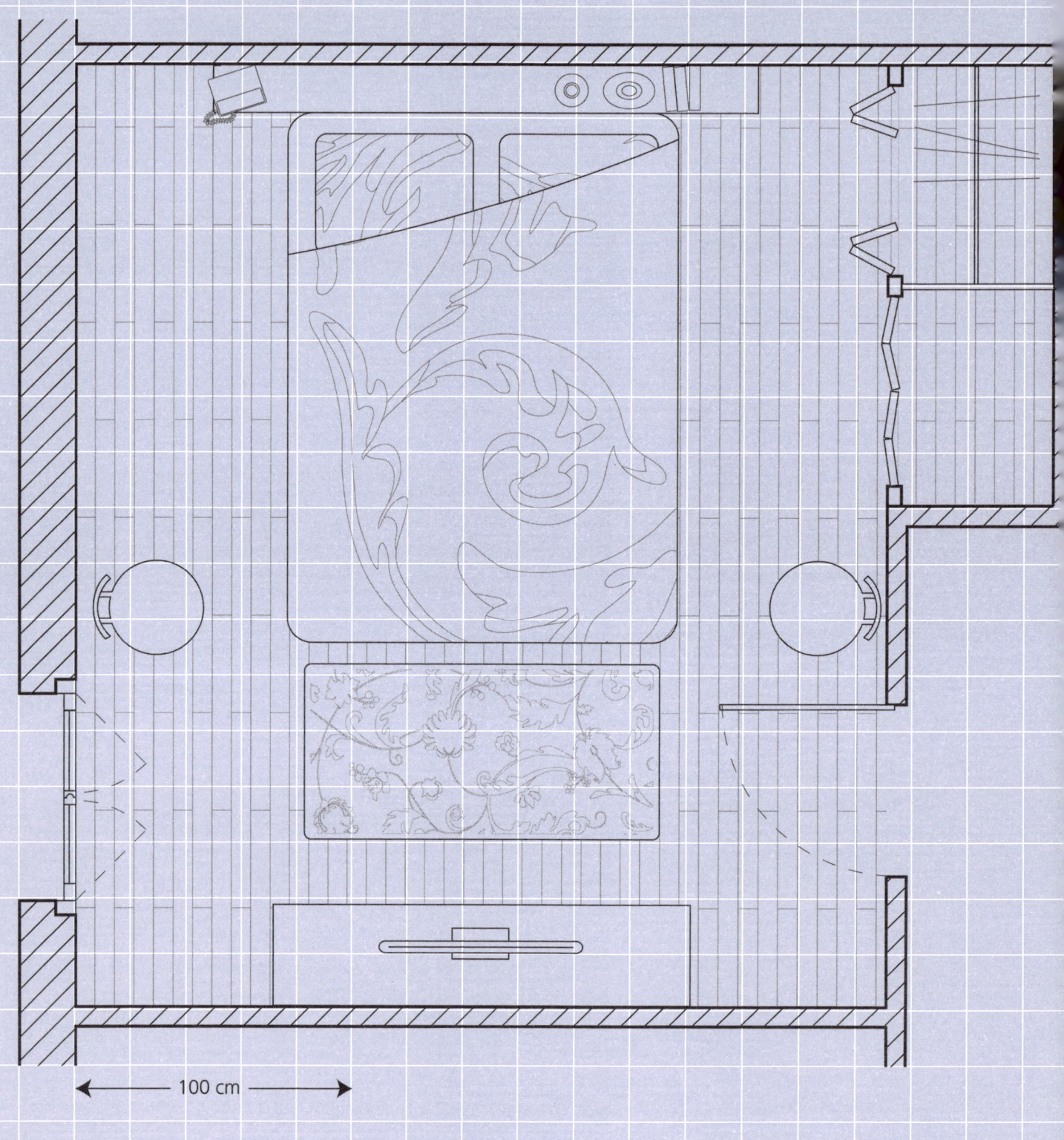

100 cm

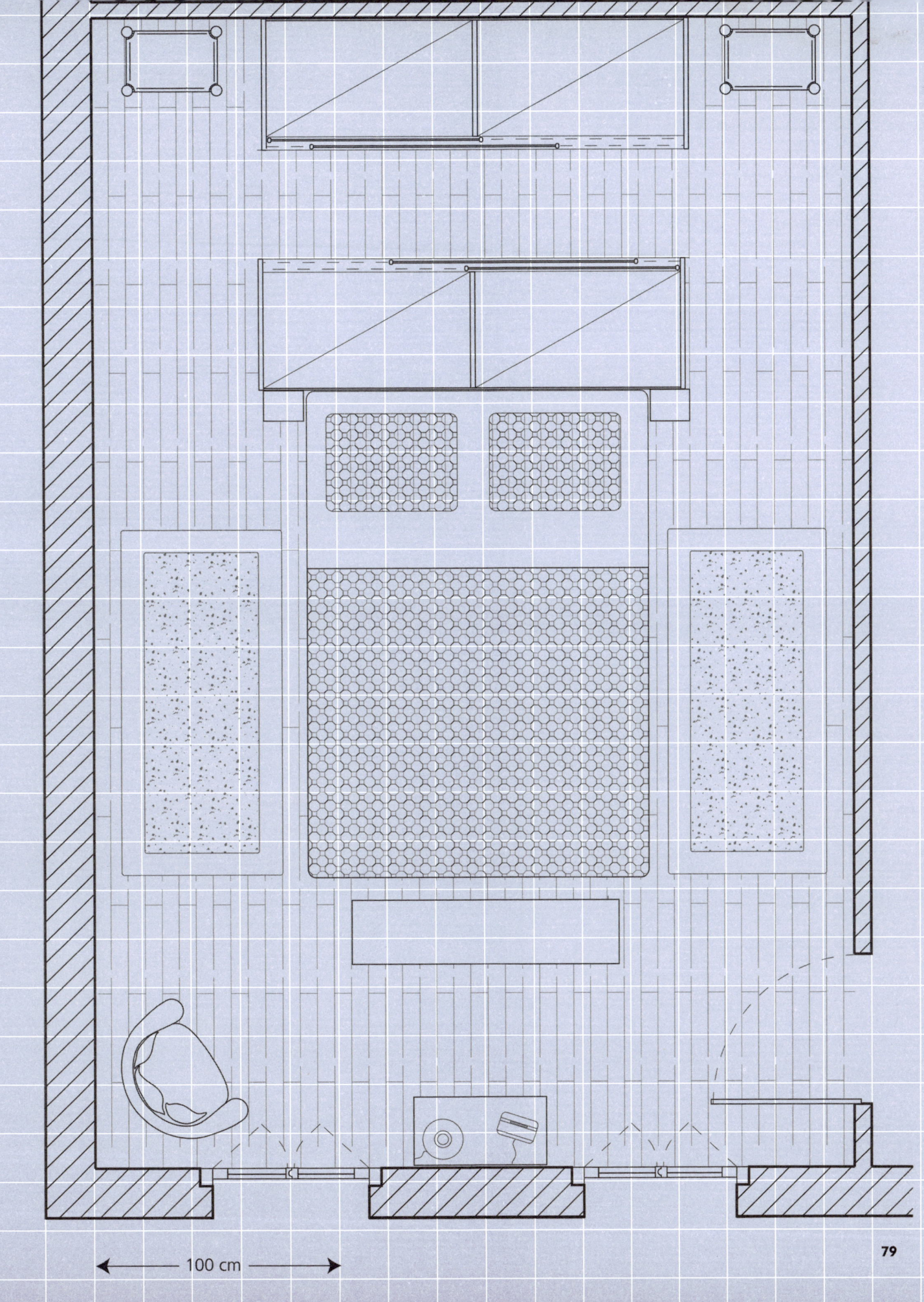

100 cm

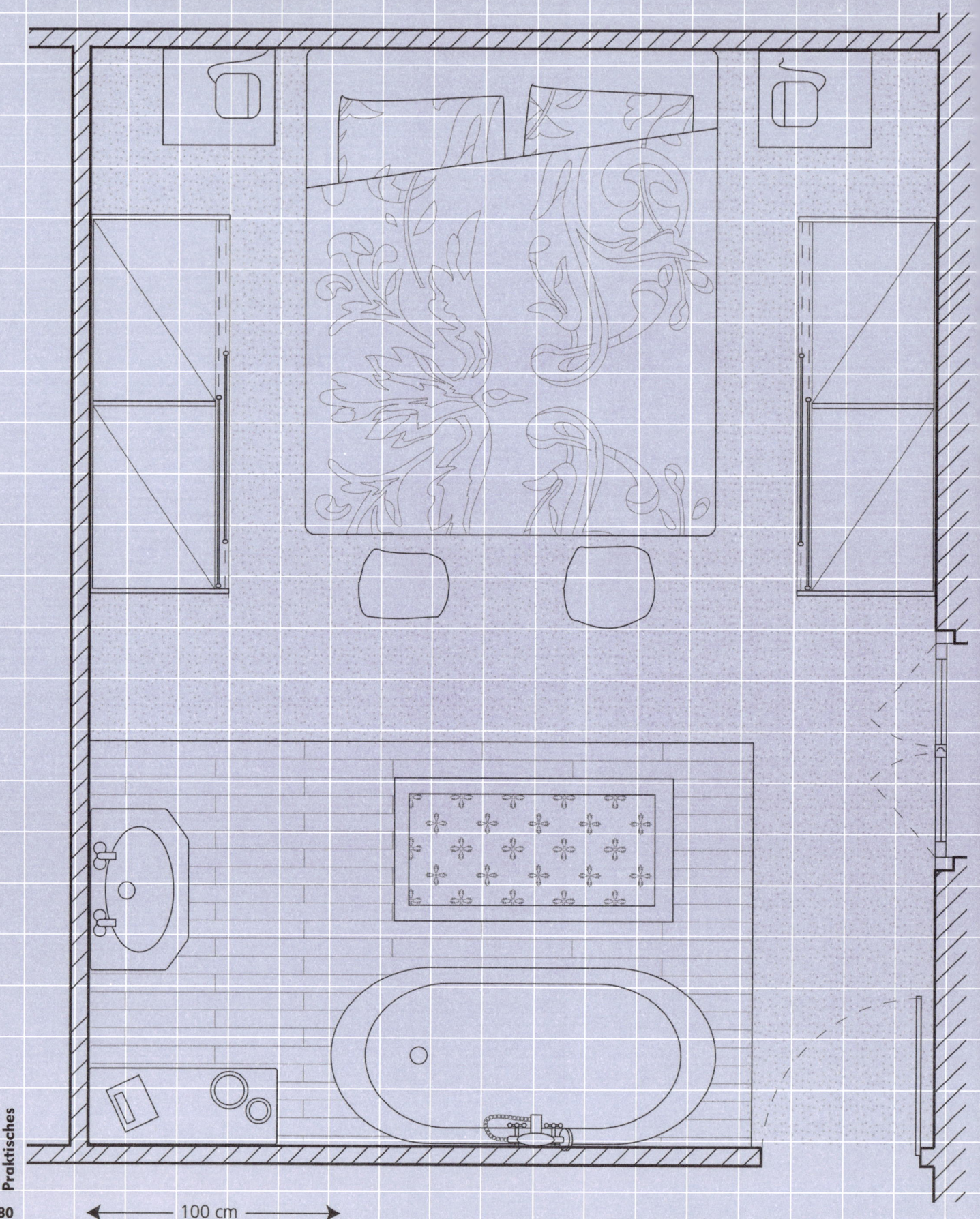

◄ 100 cm ►

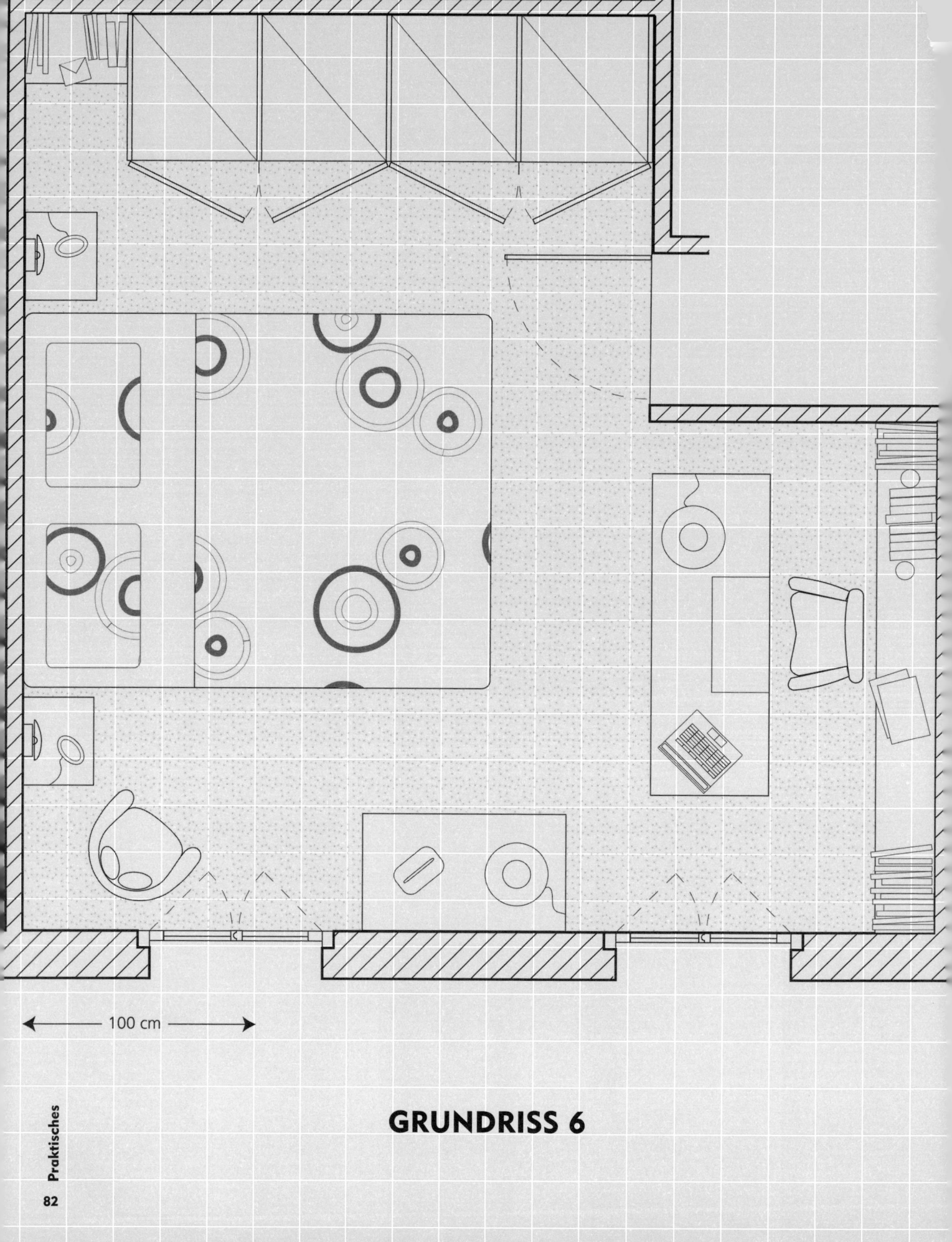

100 cm

GRUNDRISS 6

ANKLEIDEN / Begehbare Schränke

► Diese Zeichnung eines 2,5 m hohen und 2,44 m breiten Kleider- und Wäscheschranks zeigt eine optimale Innenaufteilung in Kleiderteil, offene Fächer und Schubladenfächer. Das Kleiderteil mit Schuhfächern darunter kann aber auch je nach Bedarf verkleinert oder verbreitert werden. Für Jacken und Hemden/Blusen lassen sich anschließende obere Fächer auch durch ein Fach mit Kleiderstange ersetzen. Die offenen Fächer sollten nicht zu hoch sein, sodass man Wäsche oder Pullover ordentlich aufeinanderstapeln kann und beim Herausziehen einzelner Teile nicht durcheinanderbringt. Große, breite Fächer ganz oben im Schrank eignen sich zur Unterbringung von (leeren) Koffern oder Taschen. Kleine Schubfächer sind für Unterwäsche, Accessoires etc. vorgesehen, große für Bettzeug und andere Dinge, die man nicht permanent braucht.

EINIGE MASSE, DIE MAN BEHERZIGEN SOLLTE:

- Kleiderteil: Tiefe 60 cm, Mindesthöhe für Jacken/Hemden/Blusen 120 cm, Mindesthöhe für Kleider/Mäntel 150 cm;
- offene Fächer: Tiefe 30–40 cm, Höhe 25–30 cm;
- große Schubfächer: Tiefe 30–40 cm;
- kleine Fächer für Schuhe und Schubläden: Höhe 15–20 cm.

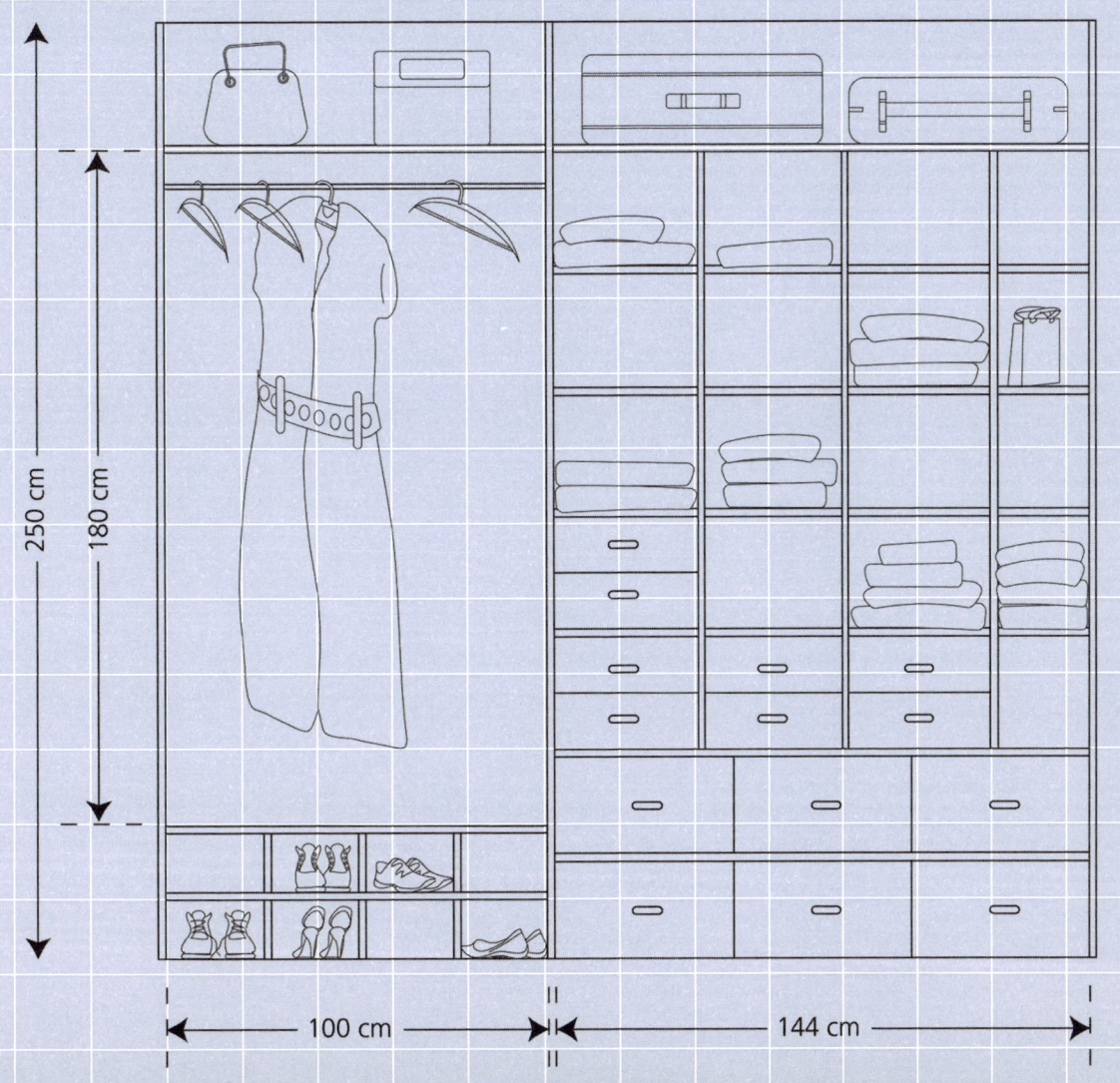

250 cm · 180 cm · 100 cm · 144 cm

DREI ORIGINELLE KOPFTEILE FÜRS BETT

▶ GERAHMTES KOPFTEIL

Individuelle Kopfteile kann man preisgünstig auch nach eigenem Geschmack selbst herstellen, zum Beispiel aus einer Sperrholz- oder Holzfaserplatte und etwa 10 cm breiten Profilleisten vom Baumarkt, die man an der Wand hinter dem Bett befestigt. Je nach dem Einrichtungsstil des Zimmers kann man die Platte vorher mit Klar- oder Farblack streichen, mit einem schönen Dekostoff bespannen, in Schablonentechnik bemalen oder tapezieren und den Rahmen „antik" vergolden oder einfach in einer zur Raumausstattung passenden Farbe streichen.

▶ KOPFTEILE MIT INSCHRIFTEN

Dieses mit einem Spruch versehene Kopfteil ist originell und ohne großen Aufwand herzustellen. Man braucht dafür eine etwa 160 cm hohe Platte, deren Breite sich nach der Breite des Bettes richtet. Sie wird an der Wand befestigt und nach Belieben lackiert. Die Buchstaben werden mithilfe von Schablonen aufgetragen. Es empfiehlt sich die Zeilenlinien und Abstände der Buchstaben vorher auf der Platte zu markieren, damit das Ergebnis nicht krumm und schief ausfällt. Dunkle Platten lassen helle Buchstaben hervortreten und umgekehrt.

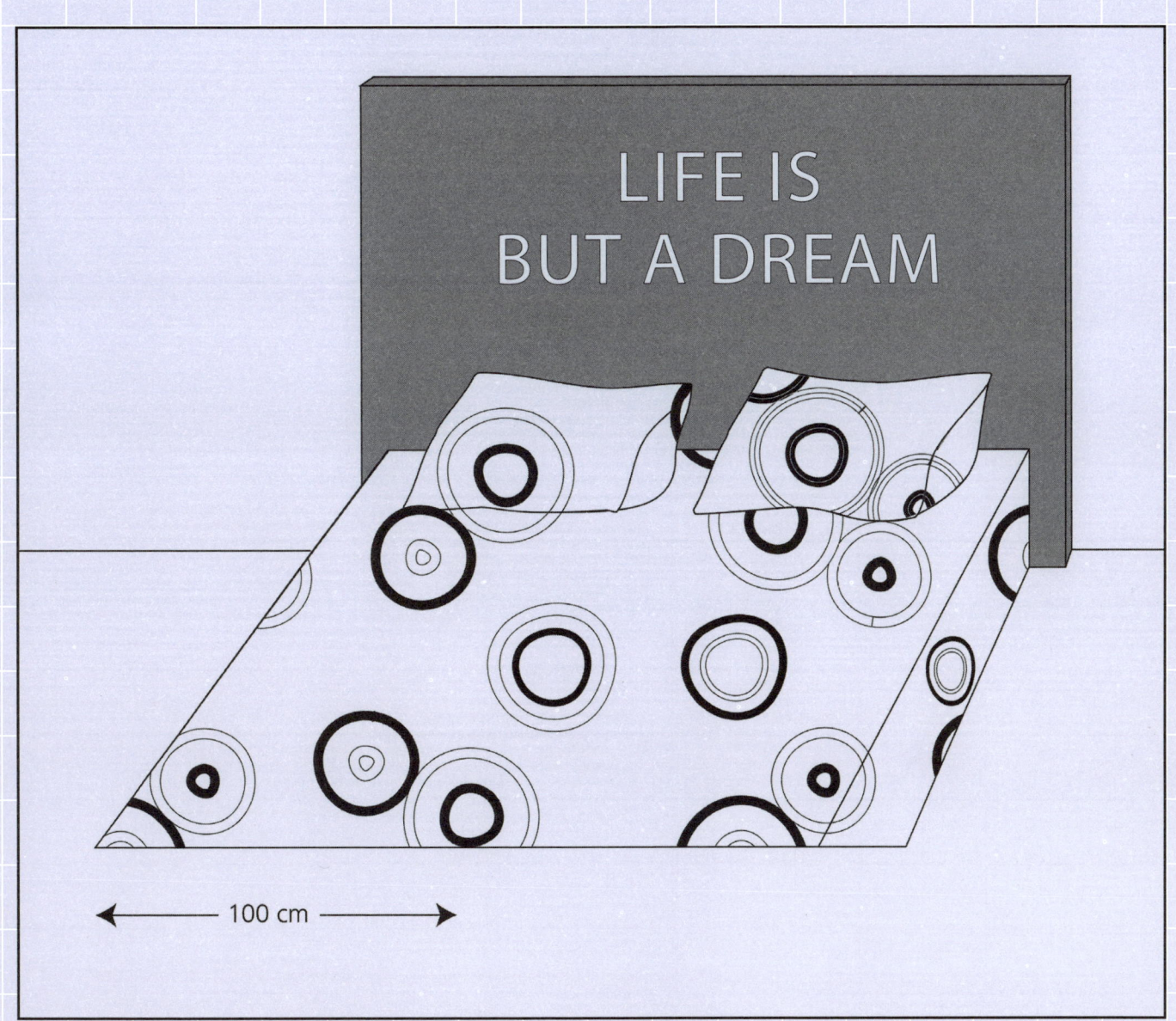

▶ KOPFTEIL MIT NISCHEN

Schlicht und modern präsentiert sich dieses kastenförmige Kopfteil, das auch ein geschickter Heimhandwerker zustande bringen kann. Die dafür nötigen Platten kann man sich in den unten angegebenen Maßen im Baumarkt zuschneiden lassen (inklusive Nischenöffnungen in der Vorderseite). MDF-Platten lassen sich am leichtesten verarbeiten. Die fertige Konstruktion kann zum Schluss in einer zur Raumausstattung passenden Farbe lackiert werden. Wenn man die Nischenfächer in einer anderen Farbe oder in einer anderen Farbnuance streicht, bringt man das Ganze besser zur Geltung.

Maße (Länge x Breite)
Obere Ablage: 160 x 20 cm
Seiten: 130 x 20 cm
Vorderseite gesamt: 160 x 130 cm
Nischenmaße: 30 x 25 x 20 cm (plus 2 Bretter: 30 x 20 cm für Ablage und Sturz, sowie 2 Bretter für seitliche Laibungen: 25 x 20 cm)
Sockelleisten: wie Fußleisten im Raum.

NOTIZEN

SACHREGISTER

DESIGNERVERZEICHNIS UND BILDQUELLEN

DANKSAGUNGEN

Innenarchitekten

Rémy Peyrard und Jean-Louis Perveaux
8, rue Saint-Claude
F – 75003 Paris
Tel. 0033-1-48 87 98 55 oder
0033-1-43 63 14 67
www.peyrard.over-blog.com
Abbildungen S. 10, 53, 57, 61, 62,
63 und 66

Studio DSR
16, rue de Saint-Pétersbourg
F – 75008 Paris
Tel. 0033-1-44 69 08 30
www.studiodsr.com
Abbildungen S. 49 und 67

Sylvie Chirat
Nuit du 4 Août
52, rue de l'Arbre Sec
F – 75001 Paris
Tel. 0033-1-44 76 09 09
Abbildungen S. 10 und 11

MLG/P. Froidure und M.-L. Guillaume
2, rue Milton
F – 75009 Paris
Tel. 0033-8-70 23 99 39
Abbildungen S. 61 und 65

Vania M. Nalin und Marcio Uehara
17-19, rue Michelet
F- 93100 Montreuil-sous-Bois
Tel. 0033-1-48 59 06 97
Abbildungen S. 48

Dank auch an

das Hôtel Amour, das von verschiedenen
begabten Designern und Dekorateuren
gestaltet und ausgestattet wurde.
8, rue de Navarin, F – 75009 Paris,
Tel. 0033-1-48 78 31 80

Und an
Sandra Arnoulet,
Didier Bertrand,
Adolphe Besnard,
Pascal Boissieu,
Stéphanie Boiteux,
Caroline Bozon,
Oriane Chenin,
Sylvie Chirat,
Julien Clapot,
Laurence De Villeneuve,
Judith Desson,
Herrn und Frau Droseart,
Christrose Duvernois,
Christine Fischer,
Herrn und Frau Garanzini,
Édith Garrault,
Éléonore Gerbier,
Philippe Goron,
Jean-Christophe Honlet,
Véronique Imbert,
Ralf Kampfe,
Audrey Kerdoncuff,
Philippe Lenay,
Laurent und Lili Mazzoni,
Frédéric Mennetrier,
Laurence Nacaire,
Gretta Pasquini,
Stéphanie Perras,
Nadine Pluvieux,
Bruneau Renaudat,
Charlotte Silvera,
Alexandra Stewart,
Alban Tollu,
Josée Valser,
Frédéric Vigot und
Mélanie Voituriez.

Homecoaching – Schlafzimmer gestalten
© **2009 Tandem Verlag GmbH**
7Hill ist ein Imprint der Tandem Verlag GmbH
Alle Rechte vorbehalten

© für die Originalausgabe
Déco à vivre – Une chambre à rêver
Groupe Fleurus, Paris 2008

Alle Rechte vorbehalten

Illustrationen: Arnaud Madelénat

Übersetzung aus dem Französischen: Annette Wiethüchter
Umschlaggestaltung: Roman Bold & Black, Köln
Gesamtherstellung: Tandem Verlag GmbH, Königswinter

ISBN 978-3-8331-8522-9

Printed in Slovakia

10 9 8 7 6 5 4 3 2 1